Sieglinde Mertlitz

ESSperimente *mini*

Schnelle Küche

W0321552

So nicht anders angegeben, sind alle Rezepte in diesem Kochbuch für ca. 4 Portionen.

Gedruckt auf LuxoSamtoffset
Schrift: Frutiger 45 Light, 9 Punkt
Titel: Caflisch Script, 32 Punkt

Alle Fotos stammen aus dem Archiv der Autorin.

Die vollständige oder auszugsweise Speicherung, Vervielfältigung oder Übertragung des Werkes, ob elektronisch, mechanisch, durch Fotokopie oder Aufzeichnung, ist ohne vorherige Genehmigung des Rechteinhabers urheberrechtlich untersagt.

Alle Rechte vorbehalten
© 2013 by Verlag Johannes Heyn, Klagenfurt
Gesamtherstellung: Druckerei Theiss GmbH, A-9431 St. Stefan
Printed in Austria
ISBN 978-3-7084-0498-1

Sieglinde Mertlitz

ESSperimente mini

Schnelle Küche

VERLAG johannes heyn

Zebra-Würfel

10 Minuten

Zutaten

3 Scheiben Roggen-Vollkornbrot oder Pumpernickel
Butter zum Bestreichen
2 Scheiben Schnittkäse (in der Größe des Brotes)
ca. 200 g Weintrauben
Zahnstocher oder Partyspieße

1. Die erste Brotscheibe dünn mit Butter bestreichen. Eine Käsescheibe auflegen.
2. Zweite Brotscheibe bebuttern. Mit der Butterseite auf den Käse legen und die Oberseite ebenfalls bebuttern.
3. Zweite Käsescheibe auflegen. Dritte Brotscheibe mit Butter bestreichen und mit der Butterseite auf den Käse legen. Gleichmäßig andrücken.
4. Brot mit einem scharfen Messer in Würfel schneiden.
5. Gewaschene Weintrauben mit Zahnstochern „aufspießen“ und in die Brotwürfel stecken.

Gefüllte Brotkreise

10 Minuten

Zutaten

für 1 Brot

1 Scheibe Roggen-Vollkornbrot
Butter/Frischkäse/Topfenaufstrich zum Bestreichen
1 kleine Tomate
evtl. 1 Scheibe magere Wurst
1 kleines Salatblatt

1. Aus der Brotscheibe zwei größere Kreise ausstechen. Einen Kreis leicht mit dem gewählten Belag bestreichen.
2. Tomate und Salatblatt waschen und abtropfen lassen. Tomate in Scheiben schneiden.
3. Wurst- und Tomatenscheibe sowie Salatblatt aufs Brot legen. Zweite Brotscheibe aufsetzen und beliebig garnieren.

Schinken-Aufstrich

Zutaten

2 kleine Essiggurken
½ kleine Zwiebel
100 g Schinken, mager
1–2 EL Kräuter der Saison
(z. B. Schnittlauch)

250 g Magertopfen
(Magerquark)
2 EL Sauerrahm
Salz
Pfeffer

ZUM GARNIEREN:
Kräuter der Saison

1. Essiggurken, Zwiebel und Schinken feinwürfelig schneiden.
2. Kräuter waschen und fein schneiden bzw. hacken.
3. Magertopfen und Sauerrahm in eine Rührschüssel geben, alle klein geschnittenen Zutaten und die Gewürze dazugeben. Mit einem Kochlöffel vermengen und abschmecken.
4. Aufstrich anrichten und garnieren.

Tipp

Die Brote können auch direkt bestrichen und dann garniert werden.

Die Aufstrichbrote mit großen Keksausstechern ausstechen, dadurch sehen sie lustiger aus und schmecken noch besser.

Liptauer

Zutaten

80 g weiche Butter
250 g Magertopfen (Magerquark)
½ kleine Zwiebel
je ¼ Bund Schnittlauch und Petersilie

1–2 EL Paprikapulver
½ TL Kapern
½ TL Sardellenpaste
½ TL Senf
1 Msp. Kümmel, gemahlen
Salz
Pfeffer

1. Butter flaumig rühren. Topfen dazugeben und gut verrühren.
2. Zwiebel fein hacken. Schnittlauch in feine Röllchen schneiden und Petersilie hacken.
3. Kräuter und die angegebenen Gewürze unter die Topfenmasse mischen.
4. Aufstrich abschmecken und anrichten.

Tipp

Der Aufstrich schmeckt noch intensiver, wenn er 1 bis 2 Stunden vor dem Verzehr im Kühlschrank durchziehen (= rasten) kann.

Beim Lebensmitteleinkauf sollten Qualität und Frische sowie die Einfachheit der Zutaten an erster Stelle stehen.

Avocado-Aufstrich

Zutaten

1 reife Avocado

½ kleine Zwiebel
1 EL Zitronensaft
4 EL Sauerrahm
1 Knoblauchzehe, gepresst

Salz
Pfeffer

ZUM GARNIEREN:
1 kleine Tomate
Kräuter der Saison

10 Minuten

1. Reife Avocado halbieren, entkernen und das Fruchtfleisch herausholen. Mit einer Gabel fein zerdrücken.
2. Zwiebel kleinwürfelig schneiden und mit allen anderen Zutaten zur Avocado geben. Masse gut vermengen und abschmecken.
3. Aufstrich anrichten und garnieren.

Tipp

Eine reife Avocado erkennt man an ihrer Konsistenz. Sie soll sich weich angreifen. Harte Früchte kann man bei Zimmertemperatur nachreifen lassen.

Wegen ihres hohen Eiweiß- und Fettgehaltes wird die Avocado auch „Butterfrucht" genannt. Das Fett der Frucht besteht weitgehend aus wertvollen, mehrfach ungesättigten Fettsäuren.

Gurkenkaltschale

Zutaten

1 große Salatgurke
½ l Jogurt
¼ l Sauerrahm
Kräutersalz
2 EL Öl, kaltgepresst
1–2 Knoblauchzehen
½ Bund Dille

GARNITUR:
Schwarz- oder
Weißbrotreste
Dille
Paprikapulver
(Paprikastreifen oder
Radieschenscheiben)

10
Minuten

1. Salatgurke mit der Gemüseputzbürste gründlich waschen.
2. Enden abschneiden und die Gurke grob raspeln.
3. Jogurt, Sauerrahm, Salz und Öl in eine Rührschüssel geben und mit der Schneerute gut vermischen.
4. Geraspelte Gurke untermischen, Knoblauch schälen und hineinpressen.
5. Dille waschen, gut abtropfen lassen und etwas für die Garnitur zur Seite legen. Restliche Dille fein schneiden und untermischen.
6. Suppe kalt stellen.
   Vor dem Servieren durchrühren und abschmecken.

   Anrichten und mit den angegebenen Zutaten garnieren.

> *Tipp*
>
> Gut gekühlt serviert, eine erfrischende Suppe an heißen Sommertagen.

Nudelsalat

Zutaten

200 g Nudeln
(z. B. Spiralen, Hörnchen)

1 großer Apfel
2 Essiggurken
150 g Schinken
150 g Emmentaler oder Gouda

⅓ Bund Petersilie

1 Becher Crème fraîche
¼ l Jogurt
¼ l Sauerrahm
2 EL Ketchup
1 EL Senf
3 EL Essig
Salz, Pfeffer
Paprikapulver

ZUM GARNIEREN:
4 Salatblätter
2 Essiggurken
(evtl. Tomaten)

10 Minuten

1. Einen großen Kochtopf mit Wasser zum Kochen bringen.

2. Wasser salzen, Nudeln laut Packungsangabe bissfest kochen, abseihen, kalt abschrecken und auskühlen lassen.
3. Apfel waschen und in kleine Stücke schneiden.

4. Essiggurken, Schinken und Käse in kleine Würfel schneiden.
5. Petersilie waschen und hacken.
6. Crème fraîche, Jogurt, Sauerrahm, Ketchup, Senf, Essig und die Gewürze verrühren, abschmecken und Petersilie untermischen.

7. Sauce mit den anderen Zutaten unter die Nudeln mischen, den Salat gut durchziehen lassen.

8. Salatblätter waschen, gut abtropfen lassen und auf Tellern anrichten. Garnitur vorbereiten.
9. Vor dem Portionieren den Salat nochmals abschmecken, auf Salatblättern anrichten und garnieren.

Griechischer Salat

Zutaten

4 Tomaten
1 grüne Paprika
½ Salatgurke
1 Zwiebel

MARINADE:
6 EL Olivenöl
6 EL Essig
4 EL Wasser
Salz, Pfeffer
Oregano oder Majoran

200 g Schafskäse
½ Glas schwarze Oliven

10 *Minuten*

1. Zwiebel schälen und das restliche Gemüse gründlich waschen.
2. Gurke der Länge nach halbieren, auf die Schnittfläche legen, nochmals der Länge nach durchschneiden, fein schneiden und in eine Glasschüssel geben.
3. Tomaten halbieren, Stängelansatz kreuzweise herausschneiden und die Tomatenhälften vierteln.
4. Paprika vierteln (Kerne und Stängelansatz entfernen) und in Streifen schneiden.
5. Zwiebel halbieren und in feine Ringe schneiden.
6. Alle Zutaten der Marinade miteinander mischen.
7. Geschnittenes Gemüse mit der Marinade vermengen und anrichten.
8. Schafskäse in Würfel schneiden und mit den Oliven über dem Salat verteilen.

Jogurt-Topfen-Speise mit Früchten

Zutaten

½ l Naturjogurt oder Magerjogurt
250 g Magertopfen (Magerquark)
1 EL Zitronensaft
1–2 EL Honig oder Vollzucker
½ Pkg. Vanillezucker

400 g Obst der Saison

ZUM GARNIEREN:
2–3 EL Hafer- oder Müsliflocken
einige Nüsse

10 Minuten

1. Jogurt, Topfen, Zitronensaft, Honig und Vanillezucker in einer Schüssel gut vermischen.
2. Obst gründlich waschen und trocknen. Einige Früchte zum Verzieren zur Seite legen.
3. Obst je nach Sorte zerkleinern oder würfelig schneiden und unter die Jogurt-Topfen-Masse mischen.
4. Jogurt-Topfen-Speise anrichten, garnieren und gleich servieren.

Tipp

Entweder eine Sorte Obst nehmen oder mehrere Sorten mischen. Obst aus biologischem Anbau der Region bevorzugen. Frische Beerenfrüchte aus dem eigenen Garten oder aus dem Wald geben dieser Speise eine besondere Note.

Haferflockenmüsli

Zutaten

für 1 Person

2 EL Haferflocken
2 EL Wasser

1 EL Rosinen
1 EL Nüsse
½ kleiner Apfel
(oder ½ Banane)
1 EL Honig
½ l Naturjogurt

GARNITUR:
z. B. Apfelstücke,
Nüsse oder
Rosinen

10

Minuten

1. Haferflocken und Wasser in eine kleine Glas- oder Porzellanschüssel geben und 10 Min. quellen lassen.

2. Rosinen waschen, abtropfen lassen und dazugeben.
3. Nüsse grob hacken und dazugeben.

4. Apfel waschen, trocknen, halbieren, Kerngehäuse mit einem Schrägschnitt entfernen und die Hälfte des Apfels in kleine Würfel schneiden.

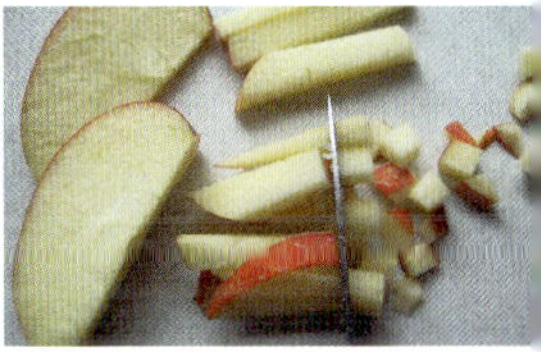

5. Honig, Jogurt und die Apfelstücke in die Schüssel geben.
6. Alles mit einem Löffel vorsichtig durchmischen.
7. Müsli dekorieren und gleich servieren.

Lassi (aus Pakistan)

10 Minuten

Zutaten

½ l Multivitaminsaft
(oder frisch gepresster Obstsaft)
½ l Jogurt oder Acidophilusmilch
Früchte der Saison

1. Multivitaminsaft mit Jogurt oder Acidophilusmilch gut vermischen.
2. Anrichten, mit Früchten garnieren und gleich servieren.

Bananenmilch

10 Minuten

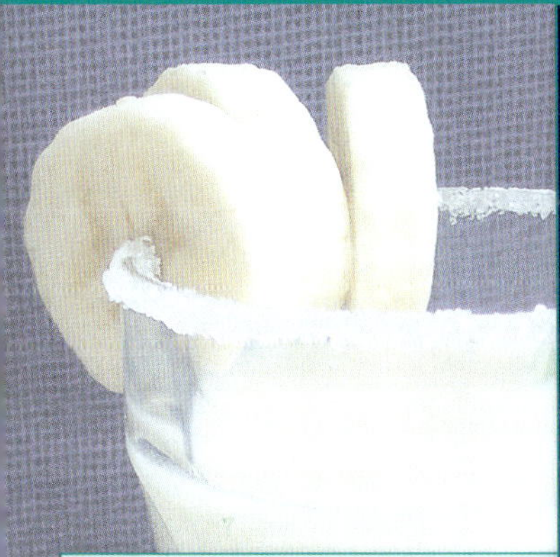

Zutaten

2–3 reife Bananen
¾ l Milch
½ Pkg. Vanillezucker

1. Bananen schälen und in größere Stücke schneiden.
2. Bananenstücke mit Milch und Vanillezucker in einem Mixbecher (oder mit dem Pürierstab) mixen.
3. Gleich servieren.

Früchte-Shake

10 Minuten

Zutaten

250 g Erdbeeren
(oder Früchte der Saison)
2 Bananen
½ l Magerjogurt
¼ l Milch
1 EL Honig
½ Pkg. Vanillezucker

1. Erdbeeren in einem Sieb gründlich waschen, abtropfen lassen.
2. Bananen schälen und zerteilen.
3. Alle Zutaten in einem Mixbecher oder mit dem Pürierstab mixen, anrichten, garnieren und gleich servieren.

Schokolade-Shake

10 Minuten

Zutaten

600 ml Milch
2–3 EL Kakaopulver
2 Kugeln Schokoladeeis

4 Kugeln Schokoladeeis

GARNITUR:
Früchte der Saison, Schokoladespäne, Trinkhalme

1. Milch mit Kakaopulver und Schokoladeeis in eine Rührschüssel geben.
2. Mit der Schneerute oder mit dem Mixer rühren, bis die Masse schaumig ist. Schokolademilch in Gläser schütten und je eine Kugel Schokoladeeis in die Mitte geben. Mit den angegebenen Zutaten garnieren.

Tropical-Cocktail

10 Minuten

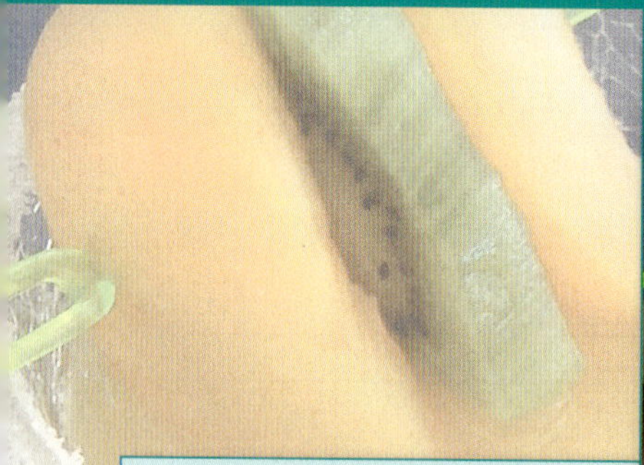

Zutaten

¼ l Ananassaft
¼ l Mangosaft
¼ l Mineralwasser

Eiswürfel

4 Zitronenscheiben oder Früchte

1. Ananas- und Mangosaft vermischen und auf die Gläser aufteilen.
2. Mit kaltem Mineralwasser aufgießen.
3. Eiswürfel dazugeben, garnieren und gleich servieren.

Erfrischungscocktail

10 Minuten

Zutaten

¼ l Apfelsaft
¼ l Ananassaft
Saft von 1 Limette (oder Zitrone)
2 EL Honig

Eiswürfel, ¼ l Mineralwasser
4 Limetten- oder Ananasscheiben

1. Apfel-, Ananas- und Limettensaft und Honig in einen Glaskrug geben und kräftig mit der Schneerute vermischen.
2. Eiswürfel in die Gläser verteilen und mit dem Drink übergießen.
3. Mit Mineralwasser aufgießen, mit Limettenscheiben garnieren und servieren.

Miraculix-Cocktail

10 Minuten

Zutaten

½ l Marillensaft
Saft von ½ Zitrone
1 EL Honig, 1 Pkg. Vanillezucker

Eiswürfel, ¼ l Mineralwasser
1 Marille
½ Kiwi

1. Marillen-, Zitronensaft, Honig und Vanillezucker gut miteinander vermischen.
2. Eiswürfel in Gläser verteilen und mit dem Saft übergießen.
3. Mit Mineralwasser auffüllen, mit Marillen- und Kiwischeiben garnieren und servieren.

Kräutercocktail

10 Minuten

Zutaten

1 Hand voll gemischter Kräuter
(Kerbel, Minze, Wildkräuter …)
1 Apfel, ½ Zitrone
¼ l Apfelsaft, ¼ l Buttermilch
⅛ l Mineralwasser, 2–3 EL Honig

ZUM DEKORIEREN: Kräuter/essbare Blüten

1. Kräuter waschen und abtropfen lassen. Apfel waschen und in Spalten schneiden. Zitrone auspressen.
2. Kräuter mit Apfelspalten und Apfelsaft in einen Mixbecher geben und mit dem Mixstab pürieren.
3. Buttermilch, Mineralwasser und Zitronensaft dazugießen und mit Honig süßen. In Cocktail- oder Trinkgläsern anrichten, mit frischen Kräutern (essbaren Blüten) garnieren und gleich servieren.

Champignonsuppe

Zutaten

250 g Champignons
50 g Lauch (weißer Vorderteil oder ½ kleine Zwiebel)
1 EL Butter

1 EL glattes Mehl
¾ l Wasser
1 Suppenwürfel (pflanzlich)
Salz, weißer Pfeffer

⅛ l Schlagobers

ZUM GARNIEREN:
2 rohe Champignons
1 Scheibe Schwarzbrot
Lauchgrün/Petersilie

20
Minuten

1. Champignons in einem Sieb waschen, gut abtropfen lassen, bei Bedarf schälen und feinblättrig schneiden (Messer oder Eierteiler).
2. Lauch waschen, abtropfen lassen und fein würfelig schneiden.
3. Butter vorsichtig erhitzen (soll keine Farbe annehmen) und die Champignons sowie den Lauch darin anrösten.
4. Mehl darüber streuen, kurz miträsten, mit Wasser aufgießen, würzen und alles etwa 10 Minuten leicht kochen lassen.
5. Suppe mit dem Mixstab pürieren, Schlagobers unterrühren und abschmecken.
6. Angerichtete Suppe mit Schwarzbrotwürfeln, in Scheiben geschnittenen rohen Champignons und Lauchgrün oder Petersilie garnieren.

Käse-Zwiebelsuppe

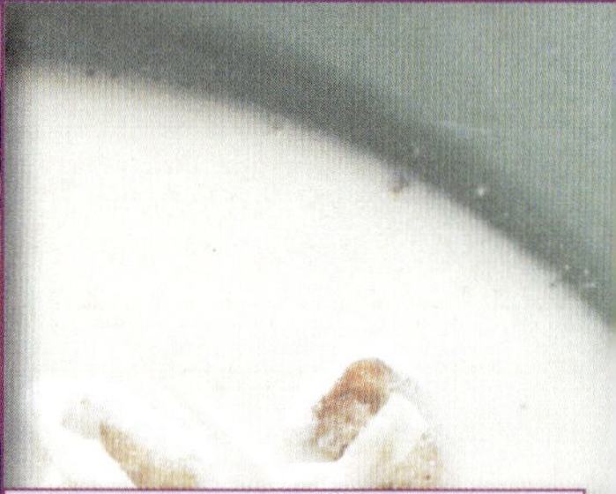

Zutaten

2 Zwiebeln (ca. 250 g)
3 EL Öl
1 EL Weizenvollkornmehl

1 l Gemüsebrühe
(oder Rindsuppe)

200 g würziger Hartkäse
150 g Crème fraîche

Salz, Pfeffer
Muskatnuss, gerieben

BROTWÜRFEL:
1–2 Scheiben Schwarzbrot
3 EL Öl
¾ Bund Petersilie

ZUM GARNIEREN:
Käse, gerieben
Petersilienblätter

20
Minuten

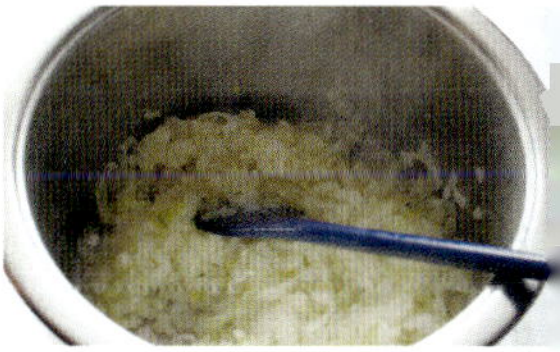

1. Zwiebeln schälen und würfelig schneiden.
2. Öl heiß werden lassen und die Zwiebelwürfel darin anschwitzen.
3. Mehl dazugeben, kurz mitrösten und mit Gemüsebrühe oder Rindsuppe aufgießen. Gut verrühren und bei geringer Hitze ca. 10 Min. kochen, bis die Zwiebeln weich sind.
4. Käse fein reiben und mit Crème fraîche zur Suppe geben. Mit Salz, Pfeffer und Muskatnuss würzen.
5. Suppe mit dem Mixstab pürieren und abschmecken.
6. Brotwürfel:
   Brotscheiben in Würfel schneiden.
   Petersilie waschen, abtropfen lassen und fein hacken.
   Beides in Öl anrösten und über die angerichtete Suppe streuen.
   Mit frisch geriebenem Käse bestreuen und mit Petersilie garnieren.

Kürbisgulasch

Zutaten

750 g Kürbisfleisch
(z. B. Hokkaido)

1 große Zwiebel
3–4 EL Öl
2 EL Paprikapulver

1–2 EL Mehl, glatt
600 ml Wasser
1 Suppenwürfel, pflanzlich
Salz, Pfeffer

200–250 g Knackwurst

150 g Crème fraîche

ZUM ANRICHTEN:
¼ Bund Petersilie

20
Minuten

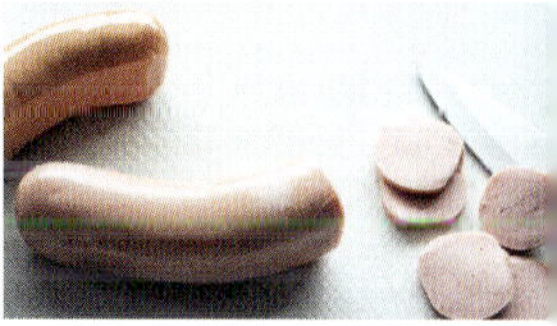

1. Kürbis gründlich waschen, Kerne und faseriges Inneres entfernen.
2. Kürbisfleisch in ca. 2 x 2 cm große Würfel schneiden.
3. Zwiebel schälen, würfelig schneiden und in heißem Öl goldgelb anrösten. Kürbiswürfel dazugeben und gut vermischen.
4. Paprikapulver und Mehl hinzufügen, kurz miträsten und mit kaltem Wasser aufgießen.
5. Unter Rühren zum Kochen bringen. Suppenwürfel und Gewürze dazugeben. Bei geringer Hitze ca. 5–6 Min. kochen lassen. Ab und zu umrühren!
6. Knackwurst schälen, halbieren und in Scheiben schneiden.
7. Knackwurstscheiben untermischen und weitere 2–3 Min. kochen. Crème fraîche einrühren und abschmecken. Vor dem Servieren mit gehackter Petersilie bestreuen

Spaghetti mit Zucchini-Curry-Sauce

Zutaten

400 g Spaghetti
(Vollkornspaghetti)
Salz
1 EL Öl

3 Stück Zucchini (ca. 600 g)
2 Knoblauchzehen
2 EL Olivenöl
1 TL Currypulver
Salz, Pfeffer

⅛ l Schlagobers

ZUM GARNIEREN:
Zucchinistifte

20
Minuten

1. Wasser in einem großen Kochtopf (mit Deckel) zum Kochen bringen. Salz und Öl hinzufügen und die Spaghetti darin ca. 10 Min. „al dente" kochen (ohne Deckel!).
2. Nudeln abseihen, mit heißem Wasser abschwemmen und bis zum Anrichten warm stellen.
3. Zucchini gründlich waschen und Stängelansätze entfernen.
4. Zucchini mit der Gemüsereibe grob raspeln.
5. Knoblauch schälen und fein hacken.
6. In einer Pfanne Olivenöl erhitzen, Knoblauch kurz anschwitzen, Zucchini dazugeben und würzen.
7. Ein paar Minuten dünsten lassen, mit Schlagobers aufgießen und einmal aufkochen lassen.
8. Nudeln mit Sauce anrichten und garnieren.

Rindfleischpfanne

Zutaten

2 Zwiebeln
200 g Champignons

400 g Rindfleisch
(beste Qualität)

4–6 EL Öl

1 EL Paprikapulver, mild

⅛ l Sauerrahm
1–2 EL Vollkornmehl
gut ⅛ l Wasser, kalt
½ Suppenwürfel

Salz
Pfeffer

20
Minuten

1. Zwiebeln schälen, halbieren und in feine Ringe schneiden.

2. Champignons putzen, evtl. kurz waschen, gut abtropfen lassen und in Scheiben schneiden.

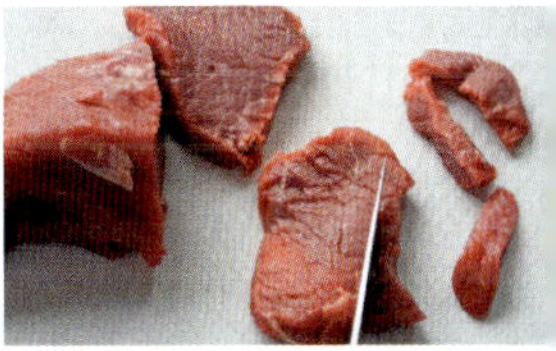

3. Fleisch in 1 cm dünne Scheiben und danach in Streifen schneiden (quer zur Faser!).
4. Öl in einer Pfanne erhitzen. Fleisch portionsweise rundherum kurz anbraten. Mit Salz und Pfeffer würzen und warm stellen.

5. Etwas Öl zum Bratenrückstand geben und die Zwiebelringe darin goldgelb anrösten.
   Champignons dazugeben und kurz mitrösten.
   Paprikapulver darüber streuen und mit dem Sauerrahmgemisch (Sauerrahm mit Mehl und Wasser verquirlen) aufgießen.

6. Unter Rühren kurz aufkochen lassen und würzen. Das gebratene Fleisch wieder dazugeben und etwas ziehen lassen. Mit gehackter Petersilie bestreuen und servieren.

Salbei-Karreesteaks

Zutaten

500 g kleine Tomaten
1 große Zwiebel
1 gelbe Paprika
(oder 2 Spitzpaprika)
3 Salbeizweige (frisch)
Salz, Pfeffer

4 Karreesteaks vom Schwein
(= Koteletts ohne Knochen)

Salz, Pfeffer
Paprikapulver
2 EL Öl

GARNITUR:
Salbeiblättchen

20
Minuten

1. Tomaten waschen und halbieren. Evtl. Stängelansatz herausschneiden.
2. Zwiebel schälen und in Scheiben schneiden. Salbei waschen, abtropfen lassen, Blätter abzupfen (einige für die Garnitur zur Seite legen) und grob hacken.
3. Paprika waschen, halbieren, Kerne entfernen und in Streifen schneiden.
4. Fleisch mit Salz, Pfeffer und Paprikapulver würzen.
5. Öl in einer Bratpfanne erhitzen. Karreesteaks je nach Stärke ca. 3–4 Min. auf jeder Seite braten. Ab und zu wenden.
6. Fleisch herausnehmen und in Alufolie wickeln.
7. Vorbereitetes Gemüse in die Bratpfanne geben und würzen.
   Gehackten Salbei darüber streuen und ca. 5 Min. dünsten lassen.
   Karreesteaks anrichten, Gemüse darüber verteilen und mit frischen Salbeiblättchen garnieren.

Geschnetzeltes auf pannonische Art

Zutaten

500 g Putenbrust
(oder Kalbfleisch)
1 TL glattes Mehl

1 Zwiebel
1 rote Paprika
2 EL Öl
2–3 TL Paprikapulver
Salz, Pfeffer
Saft einer ½ Zitrone
¼ l Würfelsuppe

⅛ l Schlagobers

⅓ Bund Schnittlauch
oder Petersilie

20
Minuten

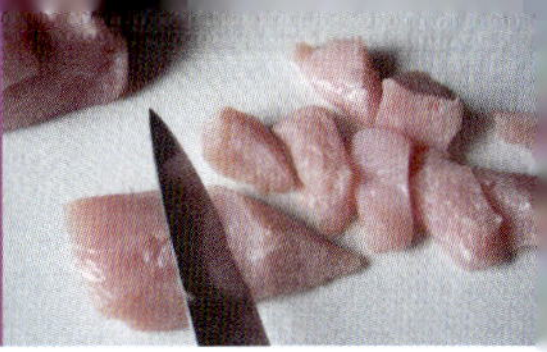

1. Putenbrust oder Kalbfleisch in feine Streifen schneiden und mit dem Mehl vermischen.
2. Zwiebel schälen und würfelig schneiden.
3. Paprika waschen, entkernen und würfelig schneiden.
4. Öl in einer Bratpfanne erhitzen, Zwiebel- und Fleischstücke dazugeben und anbraten.
5. Fleisch würzen und mit Suppe aufgießen.
6. Paprikawürfel beifügen und alles ca. 10 Min. dünsten lassen.
7. Obers einrühren, anrichten und mit gehackten Kräutern bestreuen.

> *Tipp*
>
> Als Beilage Reis sowie Salate der Saison servieren.
>
> Bei der Zubereitung von Putenfleisch besonders auf die Hygieneregeln achten!

Apfelcreme

Zutaten

400 g Äpfel
1–2 EL Wasser
1 Msp. Zimt

125 g Topfen (20 % F.i.Tr.)
125 g Naturjogurt (3,6 %)
1–2 EL Honig
1 EL Zitronensaft
½ Pkg. Vanillezucker

eventuell:
etwas Rum
⅛ l Schlagobers

ZUM GARNIEREN:
Apfelspalten
Müsliflocken/Schokoraspel

20
Minuten

1. Äpfel gründlich waschen.
2. Äpfel vierteln, Kerngehäuse mit einem Schrägschnitt entfernen und würfelig schneiden.
3. Apfelstücke mit Zimt und etwas Wasser je nach Sorte ca. 5 bis 10 Min. weich dünsten (Äpfel sollen fast nur im eigenen Saft dünsten!).
4. Gedünstete Äpfel in eine Rührschüssel umfüllen, mit dem Mixstab pürieren und abkühlen lassen.
5. Topfen, Jogurt, Honig, Zitronensaft und Vanillezucker dazugeben.
6. Alle Zutaten nochmals gut vermischen. Eventuell noch ⅛ l Schlagobers schlagen und vorsichtig unterheben. Apfelcreme in Glasschalen anrichten. Beliebig garnieren und bis zum Servieren kalt stellen.

Schokoladecreme

Zutaten

80–100 g Schokolade
250 g Magertopfen
⅛ l Sauerrahm
3–4 EL Milch
2 EL Instant-Kakao
½ Pkg. Vanillezucker
⅛ l Schlagobers

ZUM GARNIEREN:
Schokolade
Schlagobers
(von den Grundzutaten)
Früchte der Saison/
Kompottfrüchte

20
Minuten

1. Schokolade fein raspeln und in eine Rührschüssel geben.
2. Topfen, Sauerrahm, Milch, Instant-Kakao und Vanillezucker dazugeben.
3. Mit dem Mixer cremig rühren.
4. Schlagobers schlagen. Etwa die halbe Menge unter die Creme mischen. Restliches Schlagobers zum Garnieren verwenden.
5. Creme auf Glasschalen verteilen und bis zum Servieren kalt stellen.
6. Schokoladenspäne:
   Milchschokolade mit dem Sparschäler „schälen".

   Creme mit Schlagobers, Schokoladespänen und Früchten garnieren.

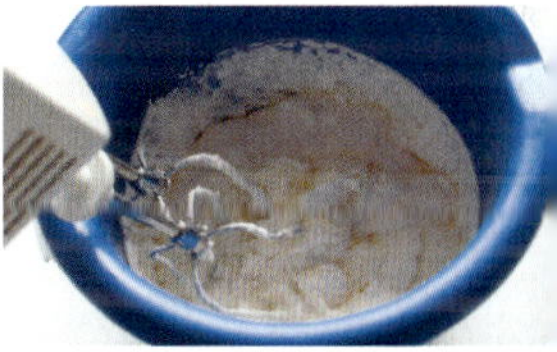

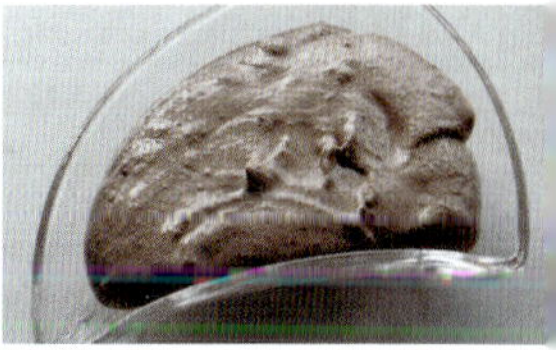

Tipp

Anstelle von Sauerrahm kann auch Mascarpone genommen werden. Wird diese Creme nur für Erwachsene zubereitet, können noch 1–2 EL Rum untergemischt werden.

Orangen-Bowle

20 Minuten

Zutaten

4 Orangen
1 l Apfelsaft
½ l Mineralwasser

1. Orangen an den Enden abschneiden und mit einem kleinen Messer schälen.
2. Orangen würfelig schneiden, in eine Glasschüssel (oder Bowlegefäß) geben, mit Apfelsaft aufgießen und kalt stellen.
3. Vor dem Servieren das Mineralwasser dazuschütten.

Sommer-Bowle

20 Minuten

Zutaten

500 g Obst der Saison
(einzeln oder gemischt)
1 l Apfelsaft
½ l Mineralwasser

1. Obst waschen, je nach Sorte schälen und kleinwürfelig schneiden.
2. In eine Glasschüssel geben, mit Apfelsaft aufgießen und mindestens 30 Min. kalt stellen.
3. Vor dem Servieren kaltes Mineralwasser dazuschütten.

Zucchinigulasch

Zutaten

300 g Kartoffeln

1 große Zwiebel
3–4 EL Öl
2 EL Paprikapulver
½ l Wasser
1 Suppenwürfel, pflanzlich
2 EL Tomatenmark
1 Lorbeerblatt
Salz, Pfeffer

400 g Zucchini
200 g Knackwurst

150 g Crème fraîche
1–2 EL Mehl, glatt
⅛ l kaltes Wasser

½ Bund Petersilie

30
Minuten

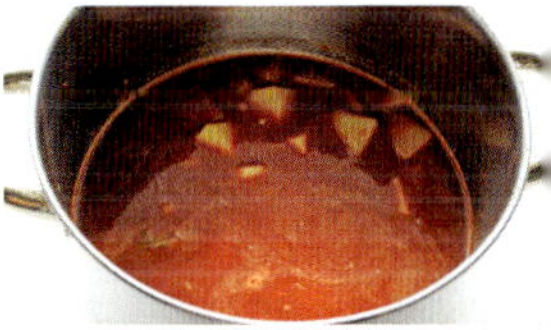

1. Kartoffeln waschen, schälen und in Würfel schneiden.
2. Zwiebel schälen, würfelig schneiden und in heißem Öl goldgelb anrösten. Paprikapulver dazugeben, kurz mitrösten und mit kaltem Wasser aufgießen.
3. Kartoffeln, Suppenwürfel, Tomatenmark, Lorbeerblatt, Salz und Pfeffer dazugeben. Alles zusammen ca. 10 Min. kochen lassen.
4. Zucchini waschen, Stängelansatz entfernen und würfelig schneiden.
5. Knackwurst würfelig schneiden.
6. Zucchini- und Knackwurstwürfel dazugeben und weitere 5 Min. kochen lassen. Lorbeerblatt entfernen.
7. Crème fraîche mit Mehl und Wasser glatt rühren, dazuschütten und unter Rühren aufkochen lassen.
   Petersilie waschen, hacken und etwas mehr als die Hälfte untermischen. Abschmecken, anrichten und mit restlicher Petersilie bestreuen.

Putenragout

Zutaten

500 g Putenbrust
1 mittelgroße Zwiebel
2 EL Öl
Salz
Pfeffer

2 EL glattes Mehl
2 EL Tomatenmark
gut ¼ l Würfelsuppe
(pflanzlich)

3 EL Crème fraîche

⅓ Bund Schnittlauch
(evtl. 1 Teelöffel eingelegter
grüner Pfeffer)

30
Minuten

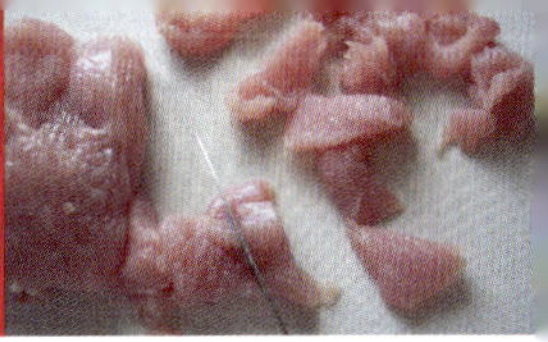

1. Putenbrust in Streifen schneiden.
2. Zwiebel schälen und kleinwürfelig schneiden.
3. Öl erhitzen und die Putenstreifen darin rundherum goldbraun anbraten.
4. Zwiebel dazugeben und kurz miträsten. Mit Salz und Pfeffer würzen.
5. Mit Mehl stauben und kurz mitrösten.
6. Tomatenmark dazugeben und mit Würfelsuppe aufgießen.
7. Ca. 15 Min. dünsten lassen.
8. Zum Schluss Crème fraîche einrühren und mit Schnittlauchröllchen (evtl. grünem Pfeffer) bestreuen.

Tipp

Beilagen: Reis, Gemüsereis, bunte Nudeln, verschiedene Salate der Saison. Anstelle von Tomatenmark kann dieses Gericht mit Ananasstücken oder Cocktailfrüchten zubereitet und mit Ingwer gewürzt werden.

Hühnchen-Nudelpfanne

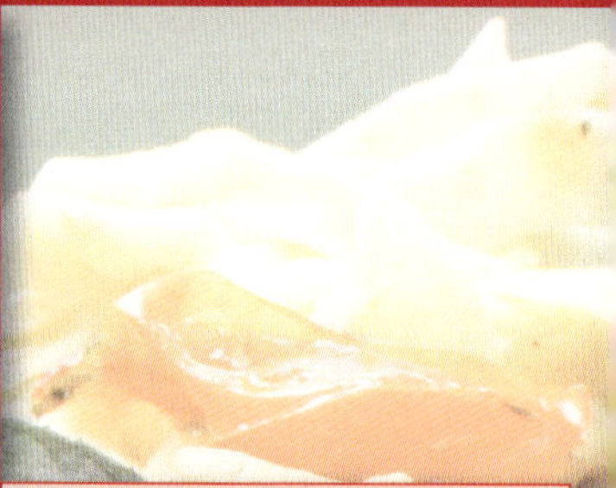

Zutaten

250 g Bandnudeln
½ TL Salz
1 EL Öl

300 g Hühnerfilet

Salz, Pfeffer
½ TL Paprikapulver, mild
2–3 EL Öl

1 Zwiebel
2 Knoblauchzehen
2 Stangen Sellerie
300 g Tomaten
2–3 EL Öl

1 TL Oregano
1 TL Thymian

ZUM GARNIEREN:
Kräuter der Saison

30
Minuten

1. Reichlich Salzwasser in einem großen Topf zum Kochen bringen. Nudeln (je nach Angaben auf der Verpackung) ca. 8–10 Min. kochen, abseihen, abtropfen lassen und mit Öl vermischen (damit sie nicht zusammenkleben).

2. Hühnerfilet in ca. 1 cm dicke Streifen schneiden. Mit Salz, Pfeffer, Paprikapulver würzen und mit Öl vermischen. Ca. 15 Min. ziehen lassen.

3. Zwiebel schälen, halbieren und kleinwürfelig schneiden. Knoblauch schälen und fein hacken. Sellerie waschen, putzen und in feine Ringe schneiden.

4. Tomaten halbieren, Stängelansatz herausschneiden und in dünne Spalten schneiden.

5. Öl in einer Pfanne erhitzen. Zwiebel, Knoblauch und Sellerie darin kurz anrösten. Fleisch dazugeben, von allen Seiten gut anbraten und mit Oregano und Thymian würzen.

6. Tomatenspalten hinzufügen, kurz mitrösten und 1–2 Min. bei geringer Hitze dünsten lassen.

7. Nudeln untermischen, alles nochmals gut erwärmen und abschmecken. Anrichten und mit Kräutern garnieren.

Gefüllte Schweinsschnitzel auf Salat

Zutaten

4 kl. Schweinsschnitzel
Salz, Pfeffer
1 kl. Zwiebel
80 g Schinken
1 EL Öl
Salz, Pfeffer, Oregano

Holzzahnstocher
2 EL Öl zum Braten

1 Häuptel Gr. Salat
(Vogerlsalat, Rucola, …)

MARINADE:
4 EL Olivenöl
4 EL Balsamico-Essig
4 EL Wasser
Kräutersalz, Oregano

30
Minuten

1. Schnitzel leicht klopfen, beidseitig würzen und halbieren.
2. Zwiebel schälen und hacken, den Schinken in kleine Würfel schneiden.
3. Öl vorsichtig erhitzen, Zwiebel und Schinken darin kurz (etwa 2 Min.) anrösten und würzen.
4. Halbierte Schnitzel mit der Füllung belegen, einrollen und mit Holzzahnstochern fixieren.
5. Öl in einer Pfanne erhitzen und die Röllchen bei mittlerer Hitze rundum etwa 6 Min. braten.
6. Salat waschen und gut abtropfen lassen (eventuell mit der Salatschleuder trocknen).
7. Alle Zutaten der Marinade miteinander verrühren, den Salat abmachen und anrichten.
8. Zahnstocher aus den Röllchen entfernen, diese auf Salat anrichten und garnieren.

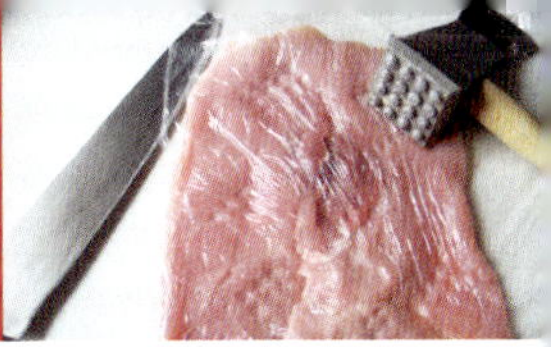

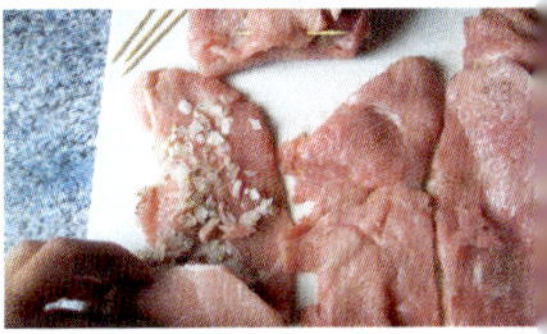

Fischpfanne

Zutaten

1 kleine Zwiebel
2 Knoblauchzehen
1 rote Paprika
50 g Stangensellerie
1 große Karotte
200 g Ananas (aus der Dose – den Saft nicht weggießen)

200 g Tiefkühl-Fisch (Kabeljau oder Dorsch)
1 EL Speisestärke
2 EL Öl

2 EL ungesalzene Erdnüsse
200 ml Wasser
4 EL Ananassaft
2 EL Tomatenmark
3 EL Sojasoße
1 Prise Salz, Chili

1 TL Speisestärke
4 EL kaltes Wasser

1. Zwiebel und Knoblauch schälen und beides fein hacken.
2. Gemüse putzen, gründlich waschen und schneiden (Paprika in dünne Streifen, Karotte in dünne Stifte, Sellerie in feine Scheiben, Ananas in kleine Stücke).

3. Fisch in große Würfel schneiden, salzen und in der Stärke wenden.

4. Öl im Wok oder in einer großen Pfanne erhitzen, den Fisch goldgelb anbraten und herausnehmen.

5. Zwiebel und Knoblauch im Bratenrückstand andünsten, Sellerie, Ananas, Paprika, Karotten und Nüsse dazu geben.

6. Wasser, 4 EL vom Ananassaft, Tomatenmark, Sojasoße und Chili verrühren und dazugeben.
7. 1 TL Speisestärke mit 4 EL Wasser vermischen, unterrühren und aufkochen lassen.

8. Fisch unterheben, nochmals erhitzen und rasch anrichten.

Zucchinipuffer mit Radieschensauce

Zutaten

400 g Kartoffeln
400 g Zucchini
1 kleine Zwiebel
2 Eier
250 g Magertopfen
100 g Haferflocken
2–3 EL Brösel
½ TL Salz
Pfeffer

ZUM BRATEN:
einige EL Öl

RADIESCHENSAUCE:
1 Bund Radieschen
⅛ l Jogurt
⅛ l Crème fraîche
Salz

ZUM GARNIEREN:
⅛ Bund Schnittlauch
Zucchinischeiben

30
Minuten

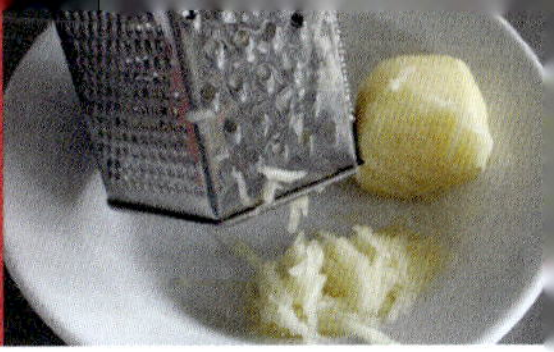

1. Kartoffeln waschen, schälen, raspeln und in eine Rührschüssel geben.

2. Zucchini waschen, Enden abschneiden (ca. ein 4 cm langes Stück für die Garnitur zur Seite legen), raspeln und dazugeben.

3. Zwiebel schälen und fein hacken.
4. Zwiebelstücke, Eier, Topfen, Haferflocken und Brösel zum geraspelten Gemüse geben, würzen und alles gut vermengen. Ca. 10 Min. stehen lassen.

5. Radieschensauce: Radieschen waschen, putzen und raspeln. Mit den anderen Zutaten vermengen und abschmecken. Garnitur: Schnittlauch waschen und in feine Röllchen schneiden. Zucchinistück grob raspeln oder in feine Scheiben schneiden.
   Backrohr auf 70 °C Heißluft vorheizen.

6. Öl in einer Pfanne erhitzen. Teig mit einem Löffel portionsweise ins heiße Fett geben, flachdrücken und auf beiden Seiten ca. 2–3 Min. bei mäßiger Hitze goldbraun backen. Ins Backrohr stellen, bis alle fertig gebacken sind. Laibchen mit Sauce anrichten und mit Schnittlauch und Zucchini garnieren.

Topfenknödel

Zutaten

für 4–6 Personen

TOPFENTEIG:
500 g Magertopfen
2 Eier
50 g Brösel
50 g Weizengrieß

Salzwasser

ZUM WÄLZEN:
80 g Butter
5–6 EL Brösel

ZUM BESTREUEN:
Zimt, gemahlen
1 EL Staubzucker

30 *Minuten*

1. Alle Zutaten vom Topfenteig (Topfen, Eier, Brösel, Grieß) in einer Rührschüssel gut vermengen und ungefähr 10 Min. ziehen lassen.
2. In einer großen Kasserolle Wasser zum Kochen bringen, leicht salzen.
3. Mit nassen Händen Knödel formen und ca. 10 Min. leicht kochen lassen (ohne Deckel!).
4. Butter in einer Bratpfanne zerlassen. Brösel anrösten und die Knödel darin wälzen.
5. Mit Zimt und Zucker bestreuen und gleich servieren.

Tipp

Die Topfenknödel mit Marillen oder Zwetschken füllen und die Brösel mit geriebenen Nüssen verfeinern.

Als Beilage reicht man Kompott oder Früchtemus.

Grießnockerln auf Erdbeerspiegel

Zutaten

¼ l Milch
1 Prise Salz
½ Pkg. Vanillezucker
1 Prise Zimt, gemahlen

30 g Grieß
1–2 EL Honig

½ kg Erdbeeren
(oder Früchte der Saison)
1 TL Zitronensaft
Honig nach Bedarf

ZUM GARNIEREN:
frische Früchte
Zitronenmelisse
evtl. gehackte Nüsse

30
Minuten

1. Milch mit Salz, Vanillezucker und Zimt zum Kochen bringen.

2. Grieß in die kochende Milch einkochen und so lange rühren, bis eine dickliche Masse entsteht. Masse vom Herd nehmen und etwas überkühlen lassen. Mit Honig abschmecken.

3. Erdbeeren waschen, Stängelansatz entfernen und gut abtropfen lassen.

4. Erdbeeren mit dem Mixstab pürieren. Zitronensaft und Vanillezucker dazugeben und mit Honig abschmecken.

5. Fruchtsauce auf Tellern verteilen.

6. Aus der Grießmasse mit zwei Kaffeelöffeln Nockerln formen und auf die Sauce legen. Mit einem Zahnstocher die Sauce an den Rändern leicht nach außen ziehen.

Mit den angegebenen Zutaten garnieren.

Heidelbeerkrapferln mit Preiselbeersauce

Zutaten

400 g Heidelbeeren

3 Eier
140 g Mehl, glatt
200 ml Milch
1–2 EL Honig
½ Pkg. Vanillezucker
1 Prise Salz

ZUM BACKEN:
einige EL Öl

PREISELBEERSAUCE:
100 g Preiselbeerkompott
1 EL Honig
1 EL Zitronensaft
½ Pkg. Vanillezucker

ZUM GARNIEREN:
Heidelbeeren
Zitronenmelisse
Staubzucker

30 *Minuten*

1. Heidelbeeren waschen und gut abtropfen lassen (einige für die Garnitur zur Seite legen).

2. Eier in zwei Rührschüsseln trennen. Eiklar mit einer Prise Salz zu steifem Schnee schlagen.

3. Dotter mit Mehl, Milch, Honig und Vanillezucker vermischen. Eischnee locker unter die Dotter-Milch-Masse heben.

4. Heidelbeeren unterrühren.
5. Öl in einer Bratpfanne erhitzen. 2–3 Esslöffel Masse pro Krapferl ins heiße Fett geben. Etwas flach drücken und auf beiden Seiten bei mittlerer Hitze goldgelb backen.
   Krapferln mit Preiselbeersauce anrichten und mit den angegebenen Zutaten garnieren.

6. Preiselbeersauce:
   Alle Zutaten in einen kleinen Topf geben. Unter Rühren erwärmen und abschmecken.

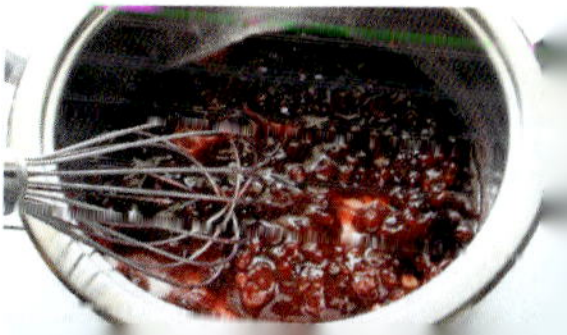

Biskuitroulade

Zutaten

6 Eier
180 g Zucker
1 Pkg. Vanillezucker

180 g Weizenvollkornmehl
1 Msp. Backpulver

Backtrennpapier

150 g passierte Marillen-
marmelade
etwas Staubzucker

30
Minuten

1. Blech mit Backtrennpapier auslegen. Backrohr auf 200 °C Heißluft vorheizen.

2. Eier, Zucker und Vanillezucker in einer Rührschüssel ca. 10 Min. lang dickschaumig rühren.

3. Mehl mit Backpulver vermischen und mit dem Kochlöffel unter die Eier-Zucker-Masse heben.

4. Biskuitmasse aufs Backtrennpapier streichen und ca. 10 bis 12 Min. backen.

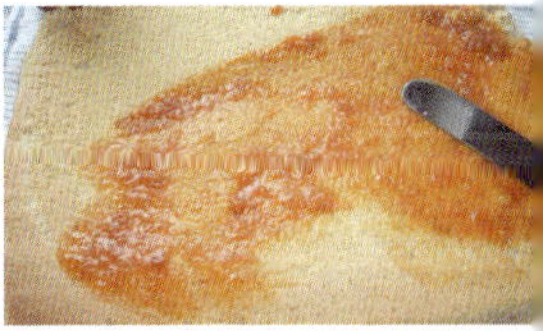

5. Roulade auf ein sauberes, bezuckertes Geschirrtuch stürzen und Backtrennpapier abziehen.

6. Sofort mit Marmelade bestreichen und mit Hilfe des Geschirrtuches einrollen.

7. Auf einem Kuchengitter auskühlen lassen.

Karotten-Apfel-Muffins

(12 Stück)

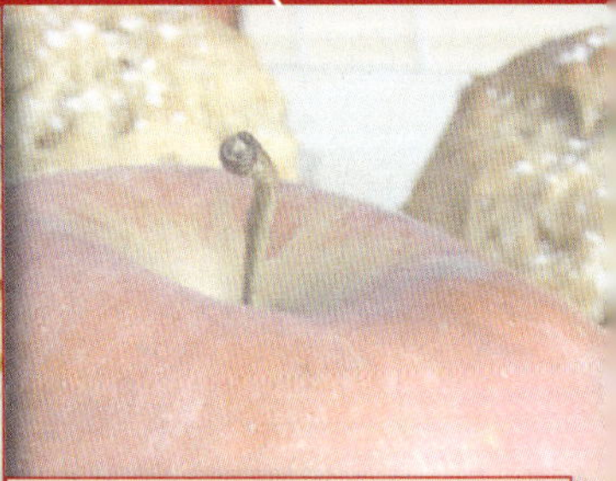

Zutaten

Ein leerer Jogurt- oder Sauerrahmbecher (= ¼ l) dient als Maß!

1¼ Becher Dinkelvollkornmehl
⅓ Becher Zucker
½ TL Zimt
½ Pkg. Backpulver
1 Pkg. Vanillezucker
3 EL Kokosette
1 Prise Salz

1 mittelgroßer Apfel
1 mittelgroße Karotte

¼ Becher Sonnenblumenöl
2 Eier

12 Papierförmchen

30
Minuten

1. Muffinsform mit Papierförmchen auslegen (oder gut befetten und bemehlen).
2. Backrohr auf 180 °C Heißluft vorheizen.
3. Alle trockenen Zutaten (von Mehl bis Salz) in einer Rührschüssel mit dem Kochlöffel vermischen.
4. Apfel und Karotte waschen und abtrocknen. Mit dem Reibeisen raspeln und zu den trockenen Zutaten geben.
5. Öl und Eier dazugeben und rasch mit dem Kochlöffel vermischen. (Nicht zu lange rühren!)
6. Masse einfüllen und etwa 15 bis 20 Min. backen.
7. Nach dem Backen noch etwa 5 Min. in der Form überkühlen lassen.
8. Auf einem Gitter vollständig auskühlen lassen.

Meine Rezepte

Zutaten

Meine Rezepte

Zutaten

Inhaltsverzeichnis

10 Minuten

20 Minuten

30 Minuten

unsere bESSteller

ESSperimente III

Mehr Fantasie für Pausenbrot und Kinderfest

108 Seiten, EUR 15,00 • ISBN 978-3-7084-0366-3